GIULIA DAVIDSSON

1 MUFFINFORM – 50 REZEPTE

FOTOGRAFIE: MATHIAS NEUBAUER, COCO LANG

INHALT

Öffnen Sie die Klappen dieses Buches.
Dort finden Sie die wichtigsten Infos zum Thema auf einen Blick!

DAS PRINZIP: MUFFIN

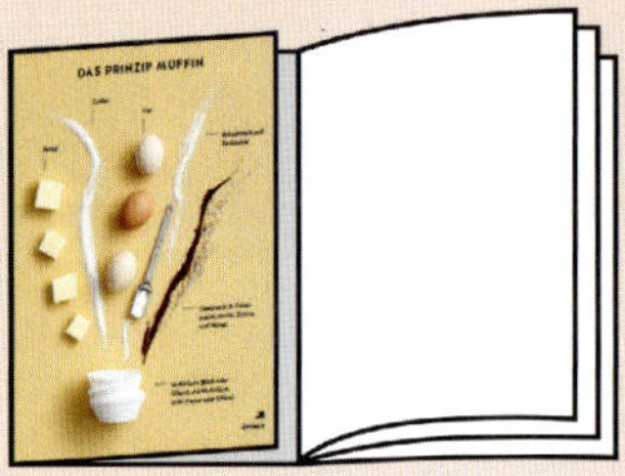

DIE PERFEKTE KOMBI

Immer griffbereit:

SO GEHT'S: PERFEKTE MUFFINS BACKEN

Immer griffbereit:

SO GEHT'S: MUFFINS DEKORIEREN

GU CLOU

Wussten Sie schon, dass …?
Entdecken Sie bei einigen ausgewählten Rezepten ganz besondere Tipps mit verblüffendem Insiderwissen. Aha-Momente garantiert!

Die Backzeiten können je nach Herd variieren. Unsere Temperaturangaben beziehen sich auf das Backen im Elektroherd mit Ober- und Unterhitze.

Sammeln Ihrer Lieblingsrezepte mit der »GU Kochen Plus«-App (siehe S. 64)

REZEPTKAPITEL

GIULIA DAVIDSSON

Schon mit 13 Jahren hat unsere Autorin die Küche in eine Muffin-Werkstatt verwandelt und ihre ersten Muffins gebacken. Mal mit und mal ohne Frosting, aber je pompöser, desto besser. Und auch heute ist ihre Lust nach den kleinen Törtchen nicht verflogen. Ihre liebsten Rezepte haben es in dieses Buch geschafft.

Was ist das Besondere an Muffins?

Klein, aber oho! Die Mini-Kuchen sind auf jeder Party ein Hingucker. Jeder hat seinen eigenen kleinen Kuchen und der passt sogar in jede Kinderhand. Ob süß oder herzhaft, mit oder ohne Topping, für jeden ist etwas dabei. Und sollte das Rezept den eigenen Geschmack mal nicht treffen, können Zutaten ganz einfach ausgetauscht werden. Denn die Zubereitung von Muffins ist besonders einfach und sie sind in nicht mal 30 Minuten gebacken.

Welche Muffins passen zu welchem Anlass?

Für garantiert jeden Anlass ist der passende Muffin dabei. Für die schnellen und einfachen Muffins hat man die Zutaten meistens ohnehin zu Hause im Vorrats- und Kühlschrank stehen. So kann auch zum Sonntagskaffee ganz spontan und schnell etwas Süßes gezaubert werden. Für raffinierte und üppige Muffins mit einer Creme und Topping ist bei den meisten vermutlich vorab ein Einkauf nötig. Doch der Aufwand lohnt sich, denn die kleinen Kunstwerke versüßen jede Geburtstags- oder Hochzeitsfeier. Herzhafte Muffins hingegen eignen sich gut zum Frühstück, Brunch oder als kleiner Snack für zwischendurch.

Lieber kleine Muffins als große Kuchen?

Zu einem selbst gebackenen Kuchen sage ich nicht nein, aber ein Muffin ist doch viel persönlicher! Ohne viel Aufwand hat man schnell eine kleine Auswahl gezaubert. Denn durch das einfache Austauschen von Zutaten gelingen mit nur einmal Backen gleich mehrere Muffinsorten. Und sollten doch einmal Muffins übrigbleiben, lassen sie sich problemlos portionsweise einfrieren.

OHNE BACKOFEN: KEY LIME PIE

120 g Butterkekse fein mahlen.

50 g Butter zerlassen und mit den Butterkeksen vermengen.

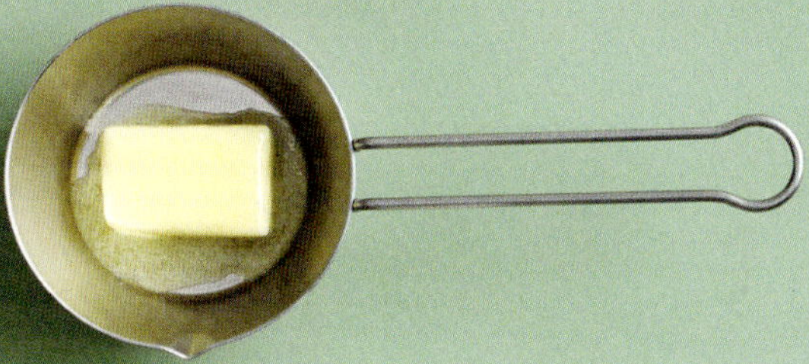

150 g Sahne steif schlagen.

400 ml gesüßte Kondensmilch, 225 g Doppelrahmfrischkäse und 75 ml Limettensaft verrühren. Die Sahne unterheben.

Eine 12er-Muffinform mit Papierförmchen (oder Silikonförmchen) auslegen. Keksmischung in die Förmchen verteilen und mithilfe eines Glases fest andrücken. Käsemasse darauf verteilen. Im Kühlschrank in ca. 8 Std. fest werden lassen.

SCHNELL & EINFACH

Für 12 Stück • 15 Min. Zubereitung • 25 Min. Backen • Pro Stück ca. 305 kcal, 5 g E, 17 g F, 33 g KH

BANANENBROTMUFFINS

IM TREND

3 Bananen
75 g Walnusskerne
250 g Mehl (Type 405)
½ Pck. Backpulver
1 TL Zimtpulver
125 g weiche Butter
100 g Zucker
2 Eier (M)
100 g backfeste Zartbitter-Schokotropfen

AUSSERDEM
12 Muffin-Papierförmchen (oder Silikonförmchen)

1 Den Backofen auf 180° vorheizen. Die Papierförmchen in der Muffinform verteilen. Die Bananen schälen. 2 Bananen in einer Schüssel mit einer Gabel zu Mus zerdrücken. Die dritte Banane in Scheiben schneiden. Die Walnüsse grob hacken.

2 Mehl, Backpulver und Zimt mischen. Die Butter mit dem Zucker in einer Schüssel mit den Rührbesen des Handrührgeräts leicht schaumig rühren. Die Eier und die zerdrückten Bananen unterrühren. Die Mehlmischung unterrühren. Zum Schluss die Schokotropfen und 50 g Walnüsse unterheben.

3 Den Teig in die Förmchen füllen. Mit den Bananenscheiben belegen und die restlichen Walnüssen (25 g) daraufstreuen. Die Muffins im Ofen (Mitte) ca. 25 Min. backen. Die Form aus dem Ofen nehmen und die Muffins ca. 5 Min. darin abkühlen lassen. Dann herauslösen und auf einem Kuchengitter auskühlen lassen.

Für 12 Stück • 15 Min. Zubereitung • 25 Min. Backen • Pro Stück ca. 170 kcal, 3 g E, 6 g F, 25 g KH

HEIDELBEER-ZITRONEN-MUFFINS

SCHNELL

215 g Heidelbeeren
2 Bio-Zitronen
150 g Buttermilch
200 g Mehl (Type 405)
2 TL Backpulver
75 g weiche Butter
90 g Zucker
1 Ei (M)
50 g Puderzucker

AUSSERDEM

12 Muffin-Papierförmchen (oder Silikonförmchen)

1 Backofen auf 180° vorheizen. Papierförmchen in der Muffinform verteilen. Heidelbeeren verlesen, waschen und abtropfen lassen. Zitronen waschen und trocken reiben, die Schale fein abreiben. Saft auspressen und 60 ml davon mit der Buttermilch verquirlen, übrigen Saft beiseitestellen. Mehl mit Backpulver mischen und sieben.

2 Butter, Zucker und Zitronenschale in einer Schüssel mit den Rührbesen des Handrührgeräts schaumig rühren. Das Ei unterrühren. Die Mehlmischung nach und nach abwechselnd mit der Buttermilch unterrühren. Die Heidelbeeren unterheben.

3 Den Teig in die Förmchen füllen und im Ofen (Mitte) 25 Min. backen. Die Form aus dem Ofen nehmen und die Muffins ca. 5 Min. darin abkühlen lassen. Dann herauslösen und auf einem Kuchengitter auskühlen lassen. Den Puderzucker mit ca. 1 EL vom übrigen Zitronensaft verrühren und über den ausgekühlten Muffins verteilen.

Für 12 Stück • 20 Min. Zubereitung • 20 Min. Backen • Pro Stück ca. 285 kcal, 4 g E, 16 g F, 30 g KH

SAFTIGE RHABARBER-MUFFINS

FRÜHLINGS-REZEPT

1 Stange Rhabarber • 1 Bio-Zitrone • 200 g Mehl (Type 405) • 2 TL Backpulver • 200 g weiche Butter • 200 g Zucker • 4 Eier (M) • Puderzucker zum Bestäuben • 12 Muffin-Papierförmchen (oder Silikonförmchen)

1 Backofen auf 180° vorheizen. Papierförmchen in der Muffinform verteilen. Rhabarber waschen und putzen, Haut abziehen. Stangen in 1 cm lange Stücke schneiden. Zitrone waschen und trocken reiben, Schale fein abreiben und Saft auspressen. Mehl mit Backpulver mischen.

2 Butter, Zucker, Zitronenschale und -saft schaumig rühren. Eier einzeln unterrühren. Mehlmischung unterrühren, Rhabarber unterheben. Teig in die Förmchen füllen und im Ofen (Mitte) 20 Min. backen. Muffins leicht abgekühlt aus der Form heben, auf einem Kuchengitter auskühlen lassen und mit Puderzucker bestäuben.

Für 12 Stück • 15 Min. Zubereitung • 20 Min. Backen • Pro Stück ca. 165 kcal, 4 g E, 9 g F, 17 g KH

APFEL-MÖHREN-MUFFINS

ZUCKERFREI

2 Möhren • 1 Apfel • 250 g Dinkelmehl (Type 630) • 2 TL Backpulver • 100 g weiche Butter • 2 Eier (M) • 80 g Apfelmark • 100 ml Milch • 12 Muffin-Papierförmchen (oder Silikonförmchen)

1 Den Backofen auf 180° vorheizen. Die Papierförmchen in der Muffinform verteilen. Die Möhren putzen und schälen, den Apfel schälen und vom Kerngehäuse befreien. Möhren und Apfel grob raspeln. Mehl mit Backpulver mischen.

2 Butter in einer Schüssel mit den Rührbesen des Handrührgeräts leicht schaumig rühren. Eier, Apfelmark und Milch unterrühren. Mehlmischung unterrühren. Möhren und Apfel unterheben. Teig in die Förmchen füllen und im Ofen (Mitte) 20 Min. backen. Muffins leicht abgekühlt aus der Form heben und auf einem Kuchengitter auskühlen lassen.

Für 12 Stück • 15 Min. Zubereitung • 25 Min. Backen • Pro Stück ca. 360 kcal, 5 g E, 24 g F, 30 g KH

HIMBEER-KOKOS-MUFFINS

EXOTISCH

200 g Himbeeren • 150 g Butter • 150 g Zucker • 2 Eier (M) • 200 g Crème fraîche • 250 g Mehl (Type 405) • 2 TL Backpulver • 150 g Kokosraspel • 12 Muffin-Papierförmchen (oder Silikonförmchen)

1 Backofen auf 180° vorheizen. Papierförmchen in der Muffinform verteilen. Himbeeren verlesen, waschen und abtropfen lassen.

2 Butter und Zucker leicht schaumig rühren. Eier und Crème fraîche unterrühren. Mehl mit Backpulver mischen und unterrühren. 100 g Kokosraspel und Himbeeren unterheben.

3 Teig in die Förmchen füllen, mit den restlichen Kokosraspeln (50 g) bestreuen und im Ofen (Mitte) ca. 25 Min. backen. Muffins leicht abgekühlt aus der Form heben und auf einem Kuchengitter auskühlen lassen.

Für 12 Stück • 5 Min. Zubereitung • 4 Std. Gefrieren • Pro Stück ca. 75 kcal, 1 g E, 4 g F, 8 g KH

FROZEN YOGHURT CUPS

EINFACH

12 Himbeeren (ca. 50 g) • 24 Heidelbeeren (ca. 70 g) • 500 g griechischer Joghurt (10 % Fett) • 100 ml Ahornsirup • 12 Muffin-Silikonförmchen

1 Die Silikonförmchen in der Muffinform verteilen. Die Himbeeren und die Heidelbeeren verlesen, vorsichtig mit kaltem Wasser waschen und gut abtropfen lassen.

2 Den griechischen Joghurt und den Ahornsirup in einer Schüssel mit einem Schneebesen cremig verrühren. Dann die Joghurt-Ahornsirup-Mischung gleichmäßig in die Förmchen verteilen und darin glatt streichen. Je 2 Heidelbeeren und 1 Himbeere in jeden Cup stecken.

3 Die Cups im Tiefkühlfach in mindestens 4 Std. vollständig gefrieren lassen. Die Frozen Yoghurt Cups zum Servieren vorsichtig aus den Förmchen lösen und auf Tellern servieren.

Für 12 Stück • 30 Min. Zubereitung • 25 Min. Backen • Pro Stück ca. 580 kcal, 5 g E, 27 g F, 78 g KH

BROMBEER-MOHN-CUPCAKES

FÜR GÄSTE

300 g Mehl (Type 405)
2 TL Backpulver
350 g weiche Butter
200 g Zucker
2 Eier (M)
80 ml Milch
30 g Mohn
24 Brombeeren (ca. 150 g)
400 g Puderzucker
140 g Brombeerkonfitüre
20 g weiße Schokoladenraspel

AUSSERDEM

12 Muffin-Papierförmchen (oder Silikonförmchen)
Spritzbeutel mit Sterntülle

1 Backofen auf 180° vorheizen. Die Papierförmchen in der Muffinform verteilen. Mehl mit Backpulver mischen. 150 g Butter mit dem Zucker in einer Schüssel mit den Rührbesen des Handrührgeräts leicht schaumig rühren. Eier und Milch nach und nach unterrühren. Mehlmischung unterrühren und Mohn unterheben.

2 Brombeeren kalt abbrausen und trocken tupfen. Teig in die Förmchen füllen, in jeden Muffin 1 Brombeere stecken. Muffins im Ofen (Mitte) ca. 25 Min. backen. Muffins leicht abgekühlt aus der Form lösen und auf einem Kuchengitter auskühlen lassen.

3 Übrige Butter (200 g) mit Puderzucker hellcremig rühren. Die Konfitüre bei Bedarf durch ein Sieb streichen, um Kerne zu entfernen, dann unter die Buttercreme rühren. Creme in den Spritzbeutel füllen und als Rosetten auf die Muffins spritzen. Mit den übrigen Brombeeren (12 Stück) und Schokoraspeln dekorieren.

Für 12 Stück • 15 Min. Zubereitung • 20 Min. Backen • Pro Stück ca. 220 kcal, 4 g E, 8 g F, 33 g KH

PFIRSICH-JOGHURT-MUFFINS

SOMMER-REZEPT

1 Dose Pfirsiche (ca. 300 g Abtropfgewicht)
250 g Mehl (Type 405)
2 TL Backpulver
80 g Rapsöl
150 g Zucker
2 Eier (M)
130 g Joghurt

AUSSERDEM

12 Muffin-Papierförmchen (oder Silikonförmchen)

1 Den Backofen auf 180° vorheizen. Die Papierförmchen in der Muffinform verteilen. Die Pfirsiche in einem Sieb abtropfen lassen und anschließend in kleine Würfel schneiden. Das Mehl mit dem Backpulver mischen.

2 Das Öl mit dem Zucker in einer Schüssel mit den Rührbesen des Handrührgeräts schaumig rühren. Die Eier und den Joghurt unterrühren. Die Mehlmischung unterrühren. Zwei Drittel der Pfirsiche unter den Teig heben.

3 Den Teig in die Förmchen füllen und die restlichen Pfirsiche (ca. 100 g) daraufstreuen. Die Muffins im Ofen (Mitte) ca. 20 Min. backen. Die Form aus dem Ofen nehmen und die Muffins ca. 5 Min. darin abkühlen lassen. Dann herauslösen und auf einem Kuchengitter auskühlen lassen.

Für 12 Stück • 15 Min. Zubereitung • 25 Min. Backen • Pro Stück ca. 130 kcal, 5 g E, 7 g F, 12 g KH

MATCHA-KÄSEKUCHEN

EXOTISCH

200 g Quark (20 % Fett i. Tr.)
90 g Zucker
30 g Mehl (Type 405)
15 g Vanillepuddingpulver
10 g Matcha-Pulver
3 Eier (M)
30 g weiche Butter
100 g Sahne

AUSSERDEM
12 Muffin-Silikonförmchen
2 EL Puderzucker

1 Den Backofen auf 180° vorheizen. Die Silikonförmchen in der Muffinform verteilen. Den Quark mit 30 g Zucker verrühren. Mehl, Puddingpulver und Matcha-Pulver mischen.

2 Die Eier trennen. Die Eigelbe mit der Butter und der Sahne in einer Schüssel mit den Rührbesen des Handrührgeräts cremig rühren. Erst die Quarkmasse und dann die Mehlmischung unterrühren. Die Eiweiße mit dem restlichen Zucker (60 g) steif schlagen und unter den Teig heben.

3 Die Käsekuchenmasse in die Förmchen füllen. Im Ofen (Mitte) 25 Min. backen, dabei nach 12 Min. den Ofen kurz öffnen und die Muffins absinken lassen.

4 Sobald die Muffins fertig sind, den Ofen ausschalten, einen Holzkochöffel zwischen Ofen und Ofentür stecken und die Muffins im Ofen auskühlen lassen. Die Muffins aus den Förmchen lösen und mit Puderzucker bestäuben. Dazu passt Schlagsahne.

GU **CLOU**

Matcha ist ein japanischer Grüntee, der traditionell in einer Teezeremonie getrunken wird. Das Grünteepulver eignet sich mit seiner intensiven grünen Farbe besonders gut zum Einfärben von Teigen.

Für 12 Stück • 15 Min. Zubereitung • 25 Min. Backen • Pro Stück ca. 220 kcal, 4 g E, 13 g F, 1 g KH

HIMBEER-ZITRONEN-MUFFINS

FÜR GÄSTE

150 g Mehl (Type 405)
1 TL Backpulver
1 Bio-Zitrone
150 g Himbeeren
150 g weiche Butter
150 g Zucker
3 Eier (M)
15 g Mohn

AUSSERDEM

12 Muffin-Papierförmchen (oder Silikonförmchen)

1 Den Backofen auf 180° vorheizen. Die Papierförmchen in der Muffinform verteilen. Das Mehl mit dem Backpulver mischen. Die Zitrone waschen und trocken reiben, die Schale fein abreiben und den Saft auspressen. Die Himbeeren verlesen, in einem Sieb kalt abbrausen und gut abtropfen lassen.

2 Die Butter mit dem Zucker und der Zitronenschale in einer Schüssel mit den Rührbesen des Handrührgeräts leicht schaumig rühren. Die Eier nacheinander jeweils gut unterrühren. Die Mehlmischung und den Mohn abwechselnd mit dem Zitronensaft nach und nach unterrühren. Die Himbeeren vorsichtig von Hand unterheben.

3 Den Teig in die Förmchen füllen und im Ofen (Mitte) 25 Min. backen. Die Form aus dem Ofen nehmen und die Muffins ca. 5 Min. darin abkühlen lassen. Dann herauslösen und auf einem Kuchengitter auskühlen lassen.

Für 12 Stück • 15 Min. Zubereitung • 25 Min. Backen • Pro Stück ca. 320 kcal, 5 g E, 16 g F, 40 g KH

KIWIMUFFINS

SOMMER-REZEPT

FÜR DEN TEIG
4 Kiwis
250 g Mehl (Type 405)
2 TL Backpulver
125 g weiche Butter
150 g Zucker
2 Eier (M)

FÜR DIE CREME
250 g Doppelrahmfrischkäse
100 g Puderzucker
2 Kiwis

AUSSERDEM
12 Muffin-Papierförmchen (oder Silikonförmchen)

1 Den Backofen auf 180° vorheizen. Die Papierförmchen in der Muffinform verteilen. Für den Teig die Kiwis schälen und pürieren. Das Mehl mit dem Backpulver mischen. Die Butter mit dem Zucker in einer Schüssel mit den Rührbesen des Handrührgeräts leicht schaumig rühren. Die Eier nacheinander jeweils gut unterrühren. Die Mehlmischung und das Kiwipüree unterrühren.

2 Teig in die Förmchen füllen. Im Ofen (Mitte) ca. 25 Min. backen. Aus dem Ofen nehmen, Muffins ca. 5 Min. in der Form abkühlen lassen. Herauslösen und auf einem Kuchengitter auskühlen lassen.

3 Für die Creme den Frischkäse und den Puderzucker in einer Schüssel mindestens 5 Min. aufschlagen. Die Kiwis schälen. 1 Kiwi pürieren, die andere in kleine Würfel schneiden. Zum Servieren die Frischkäsecreme auf den Muffins verteilen und gleichmäßig verstreichen. Mit Kiwipüree beträufeln und mit Kiwiwürfeln bestreuen.

Für 12 Stück • 10 Min. Zubereitung • 25 Min. Backen • Pro Stück ca. 250 kcal, 4 g E, 13 g F, 30 g KH

SCHOKO-BIRNEN-MUFFINS

KLASSIKER

6 Birnenhälften (aus der Dose, ca. 330 g Abtropfgewicht) • 200 g Mehl (Type 405) • 2 TL Backpulver • 50 g Kakaopulver • 150 g weiche Butter • 150 g Zucker • 2 Eier (M) • 75 ml Milch • 12 Muffin-Papierförmchen (oder Silikonförmchen)

1 Backofen auf 180° vorheizen. Papierförmchen in der Muffinform verteilen. Birnen in einem Sieb abtropfen lassen und jeweils quer halbieren. Mehl, Backpulver und Kakao mischen. Butter und Zucker in einer Schüssel mit den Rührbesen des Handrührgeräts leicht schaumig rühren. Eier nacheinander unterrühren. Mehlmischung und Milch unterrühren.

2 Teig in die Förmchen füllen, je ein Birnenstück hineindrücken. Im Ofen (Mitte) ca. 25 Min. backen. Muffins leicht abgekühlt aus der Form heben. Auf einem Kuchengitter auskühlen lassen.

Für 12 Stück • 10 Min. Zubereitung • 30 Min. Backen • Pro Stück ca. 300 kcal, 4 g E, 19 g F, 29 g KH

KIRSCHMUFFINS MIT SCHOKOTROPFEN

FRUCHTIG

200 g Sauerkirschen (aus dem Glas, Abtropfgewicht) • 250 g Dinkelmehl (Type 630) • 2 TL Backpulver • 150 g Ahornsirup • 180 ml Olivenöl • 80 g Apfelmark • 70 g Zartbitter-Schokotropfen • 30 g Mandelblättchen • 12 Muffin-Papierförmchen (oder Silikonförmchen)

1 Den Backofen auf 180° vorheizen. Die Papierförmchen in der Muffinform verteilen. Das Mehl mit dem Backpulver mischen. Ahornsirup, Olivenöl und Apfelmark in einer Schüssel mit einem Schneebesen verrühren. Die Mehlmischung unterrühren. die Kirschen und 60 g Schokotropfen vorsichtig unterheben.

2 Teig in die Förmchen füllen, mit restlichen Schokotropfen und Mandelblättchen bestreuen. Muffins im Ofen (Mitte) ca. 30 Min. backen. Leicht abgekühlt aus der Form heben und auf einem Kuchengitter auskühlen lassen.

Für 12 Stück • 10 Min. Zubereitung • 20 Min. Backen • Pro Stück ca. 320 kcal, 6 g E, 20 g F, 28 g KH

PISTAZIENMUFFINS MIT SCHOKOLADE

ZUM BRUNCH

150 g Pistazienkerne • 150 g Mehl (Type 405) • 2 TL Backpulver • 150 g weiche Butter • 150 g Zucker • 2 Eier (M) • 100 g backfeste weiße Schokotropfen • 12 Muffin-Papierförmchen (oder Silikonförmchen)

1 Backofen auf 180° vorheizen. Papierförmchen in der Muffinform verteilen. 100 g Pistazien fein mahlen und mit Mehl und Backpulver mischen. Restliche Pistazien (50 g) grob hacken.

2 Butter und Zucker mit den Rührbesen des Handrührgeräts leicht schaumig rühren. Eier nacheinander unterrühren. Mehlmischung unterrühren. Schokotropfen unterheben.

3 Den Teig in die Förmchen füllen, mit Pistazien bestreuen und im Ofen (Mitte) ca. 20 Min. backen. Leicht abgekühlt aus der Form heben und auf einem Kuchengitter auskühlen lassen.

Für 12 Stück • 10 Min. Zubereitung • 25 Min. Backen • Pro Stück ca. 210 kcal, 5 g E, 17 g F, 10 g KH

KERNIGE HASELNUSS-MUFFINS

ZUCKERFREI

250 g gemahlene Haselnüsse (oder andere Nüsse, z. B. Walnüsse oder Mandeln) • 20 g Dinkelmehl (Type 630) • 2 TL Backpulver • 4 Eier (M) • 100 g Ahornsirup • 60 ml Milch • 30 g gehackte Haselnüsse • 12 Muffin-Papierförmchen (oder Silikonförmchen)

1 Den Backofen auf 180° vorheizen. Die Papierförmchen in der Muffinform verteilen. Gemahlene Haselnüsse, Mehl und Backpulver mischen. Die Eier trennen. Die Eiweiße steif schlagen. Eigelbe, Ahornsirup und Milch in einer Schüssel verquirlen. Die Mehlmischung unterrühren. Den Eischnee vorsichtig unterheben.

2 Teig in die Förmchen füllen und mit den gehackten Haselnüssen bestreuen. Muffins im Ofen (Mitte) ca. 25 Min. backen. Leicht abgekühlt aus der Form heben und auf einem Kuchengitter auskühlen lassen.

Für 12 Stück • 15 Min. Zubereitung • 20 Min. Backen • Pro Stück ca. 300 kcal, 4 g E, 15 g F, 36 g KH

ESPRESSOMUFFINS

FÜR GÄSTE

100 g Mokkabohnen aus Schokolade
200 g Mehl (Type 405)
2 TL Backpulver
125 g weiche Butter
180 g Zucker
2 Eier (M)
60 ml Espresso
100 g Kuvertüre (Sorte nach Belieben)

AUSSERDEM
12 Muffin-Papierförmchen (oder Silikonförmchen)

1 Den Backofen auf 180° vorheizen. Die Papierförmchen in der Muffinform verteilen. 36 Mokkabohnen beiseitelegen. Die restlichen Mokkabohnen klein hacken. Das Mehl mit dem Backpulver mischen.

2 Die Butter und den Zucker in einer Schüssel mit den Rührbesen des Handrührgeräts leicht schaumig rühren. Die Eier nacheinander unterrühren. Dann den Espresso und zum Schluss die Mehlmischung unterrühren. Die gehackten Mokkabohnen vorsichtig unterheben. Den Teig in die Förmchen füllen und im Ofen (Mitte) ca. 20 Min. backen. Die Form aus dem Ofen nehmen und die Muffins ca. 5 Min. darin abkühlen lassen. Dann herauslösen und auf einem Kuchengitter auskühlen lassen.

3 Die Kuvertüre hacken und in einer Metallschüssel unter Rühren über einem Wasserbad schmelzen. Muffins mithilfe eines Löffels mit feinen Kuvertürelinien überziehen. Je 3 Mokkabohnen daraufsetzen.

Für 15 Stück • 15 Min. Zubereitung • 25 Min. Backen • Pro Stück ca. 335 kcal, 5 g E, 18 g F, 37 g KH

MARMORMUFFINS

FÜR KINDER

250 g Mehl (Type 405)
2 TL Backpulver
175 g weiche Butter
175 g Zucker
1 Pck. Vanillezucker
3 Eier (M)
25 g Kakaopulver
1 EL Milch
100 g Vollmilch-Kuchenglasur
50 g Schokolinsen

AUSSERDEM

12 Muffin-Papierförmchen (oder Silikonförmchen)

1 Den Backofen auf 180° vorheizen. Die Papierförmchen in der Muffinform verteilen. Das Mehl mit dem Backpulver mischen. Butter mit Zucker und Vanillezucker in einer Schüssel mit den Rührbesen des Handrührgeräts leicht schaumig schlagen. Die Eier nacheinander unterrühren. Die Mehlmischung ebenfalls unterrühren.

2 Die Hälfte des Teigs in die Förmchen verteilen. Unter den restlichen Teig Kakao und Milch rühren. Schokoteig auf den hellen Teig in die Förmchen geben. Mit einer Gabel durch den Teig ziehen, sodass eine Marmorierung entsteht. Im Ofen (Mitte) ca. 25 Min. backen. Herausnehmen und die Muffins ca. 5 Min. in der Form abkühlen lassen. Herauslösen und auf einem Kuchengitter auskühlen lassen.

3 Die Kuchenglasur nach Packungsanweisung schmelzen und mit einem Esslöffel auf die Muffins streichen. Die Schokolinsen darauf verteilen und die Glasur fest werden lassen.

RAFFINIERT & ÜPPIG

Für 12 Stück • 20 Min. Zubereitung • 30 Min. Backen • Pro Stück ca. 310 kcal, 4 g E, 16 g F, 36 g KH

JOHANNISBEERMUFFINS

ZUM BRUNCH

FÜR DIE STREUSEL
100 g Butter
60 g Zucker
45 g Marzipanrohmasse
140 g Mehl (Type 405)
½ TL Backpulver

FÜR DEN TEIG
130 g Johannisbeeren
170 g Mehl (Type 405)
40 g gemahlene Mandeln
2 TL Backpulver
85 g weiche Butter
110 g Zucker
100 g Apfelmark

AUSSERDEM
12 Muffin-Papierförmchen (oder Silikonförmchen)

VORBEREITEN: Den Backofen auf 170° vorheizen. Die Papierförmchen in der Muffinform verteilen.

STREUSEL: Die Butter in kleine Würfel schneiden, mit dem Zucker in eine Rührschüssel geben und mit den Knethaken des Handrührgeräts vermischen. Die Marzipanrohmasse unterarbeiten. Das Mehl mit dem Backpulver mischen. Die Mehlmischung zur Buttermasse geben und alles mit den Knethaken nur so lange unterarbeiten, bis grobe Streusel entstehen. Die Schüssel mit Frischhaltefolie abdecken und in den Kühlschrank stellen.

TEIG: Die Johannisbeeren waschen und abtropfen lassen, die Beeren von den Stielen abstreifen. Das Mehl mit den Mandeln und dem Backpulver mischen. Die Butter mit dem Zucker in einer Schüssel mit den Rührbesen des Handrührgeräts leicht schaumig rühren. Das Apfelmark unterrühren. Die Mehlmischung nach und nach unterrühren. Die Johannisbeeren vorsichtig von Hand unterheben.

BACKEN: Den Teig in die Förmchen füllen und die Streusel darauf verteilen. Die Muffins im Ofen (Mitte) 30 Min. backen. Die Form aus dem Ofen nehmen und die Muffins ca. 5 Min. darin abkühlen lassen. Dann herauslösen und auf einem Kuchengitter auskühlen lassen.

GU CLOU

Apfelmark verleiht den Muffins nicht nur eine fruchtige Note, sondern dient auch statt Ei als Bindemittel im Teig. Das funktioniert auch in anderen Rührteigen: 3 EL Apfelmark ersetzen 1 Ei.

Für 12 Stück • 15 Min. Zubereitung • 30 Min. Backen • Pro Stück ca. 350 kcal, 6 g E, 18 g F, 41 g KH

LIMETTEN-BUTTERMILCH-MUFFINS

SOMMER-REZEPT

5 Bio-Limetten
300 g Mehl (Type 405)
2 TL Backpulver
75 g Rapsöl
150 g Zucker
300 g Buttermilch
2 Eier (M)
250 g Mascarpone
100 g Puderzucker

AUSSERDEM

12 Muffin-Papierförmchen (oder Silikonförmchen)
Spritzbeutel mit Sterntülle

1 Backofen auf 180° vorheizen. Papierförmchen in der Muffinform verteilen. Für den Teig Limetten waschen und trocken reiben. Von 4 Limetten die Schale fein abreiben und den Saft auspressen. Mehl und Backpulver mischen. Öl, Zucker und Buttermilch in einer Schüssel verquirlen. Eier nacheinander unterrühren. Mehlmischung unterrühren. 90 ml Limettensaft abmessen und unterrühren. Teig in die Förmchen füllen und im Ofen (Mitte) 30 Min. backen. Form aus dem Ofen nehmen und die Muffins ca. 5 Min. darin abkühlen lassen. Dann herauslösen und auf einem Kuchengitter auskühlen lassen.

2 Für die Creme Mascarpone und Puderzucker mit den Rührbesen des Handrührgeräts hellcremig schlagen. Restlichen Limettensaft (ca. 60 ml) und 2 TL Limettenschale unterrühren. Übrige Limette längs halbieren, die Hälften in dünne Scheiben schneiden. Creme in den Spritzbeutel füllen und flach auf die Muffins spritzen. Je eine Limettenhälfte hineinstecken und mit übriger Limettenschale bestreuen.

Für 12 Stück • 20 Min. Zubereitung • 20 Min. Backen • Pro Stück ca. 340 kcal, 4 g E, 20 g F, 35 g KH

ERDBEER-RICOTTA-MUFFINS

SOMMER-REZEPT

200 g Erdbeeren
1 Ei (M)
75 ml Rapsöl
280 g Ricotta
100 g Zucker
200 g Mehl (Type 405)
2 TL Backpulver
2 Stiele Minze
150 g weiche Butter
150 g Puderzucker

AUSSERDEM
12 Muffin-Papierförmchen (oder Silikonförmchen)
Spritzbeutel mit Sterntülle

1 Den Backofen auf 170° vorheizen. Die Papierförmchen in der Muffinform verteilen. Für den Teig die Erdbeeren waschen, putzen und in kleine Stücke schneiden. Ei und Rapsöl in einer Schüssel mit den Rührbesen des Handrührgeräts schaumig rühren. 150 g Ricotta unterrühren. Zucker, Mehl und Backpulver hinzufügen und alles vermengen. Zwei Drittel der Erdbeeren vorsichtig unterheben.

2 Teig in die Förmchen füllen. Im Ofen (Mitte) 20 Min. backen. Aus dem Ofen nehmen und die Muffins ca. 5 Min. in der Form abkühlen lassen. Herauslösen und auf einem Kuchengitter auskühlen lassen.

3 Für die Deko die Minze waschen und die Blätter abzupfen. Butter und Puderzucker mit den Rührbesen des Handrührgeräts hellcremig schlagen, dann den restlichen Ricotta (130 g) unterrühren. Creme in den Spritzbeutel füllen und auf die Muffins spritzen. Mit restlichen Erdbeeren (ca. 70 g) und den Minzeblättchen verzieren.

Für 12 Stück • 20 Min. Zubereitung • 25 Min. Backen • Pro Stück ca. 355 kcal, 5 g E, 25 g F, 28 g KH

SCHOKOCUPS MIT GANACHE

GUT VORZUBEREITEN

FÜR DEN TEIG
220 g Mehl (Type 405)
2 EL Kakaopulver
70 g Puderzucker
140 g Butter
1 Ei (M)

FÜR DIE FÜLLUNG
100 g gemischte Beeren
150 g Zartbitter-Kuvertüre
150 g Sahne
30 g Butter
getrocknete Chiliflocken
50 g gehackte Haselnüsse

AUSSERDEM
Butter für die Form
Mehl zum Ausrollen
runder Ausstecher (10 cm ∅)
12 Muffin-Papierförmchen
Blindbackkugeln (ersatzweise getrocknete Erbsen)

TEIG: Mehl, Kakaopulver und Puderzucker mischen und auf die Arbeitsfläche geben. Die Butter in kleine Würfel schneiden und daraufgeben. Das Ei hinzufügen und alles rasch zu einem glatten Teig verkneten. Den Teig zu einer Kugel formen, flach drücken, in Frischhaltefolie wickeln und mindestens 30 Min. kalt stellen.

BACKEN: Den Backofen auf 180° vorheizen. Die Mulden der Muffinform mit Butter fetten. Den Teig aus der Frischhaltefolie nehmen und auf der leicht bemehlten Arbeitsfläche ca. 4 mm dünn ausrollen. Aus der Teigplatte zwölf Kreise (à ca. 10 cm ∅) ausstechen. Die Mürbeteigscheiben in die Mulden der Muffinform legen und jeweils leicht andrücken. In jede Mulde ein Papierförmchen setzen und dieses mit Blindbackkugeln füllen. Die Schokocups im Ofen (Mitte) ca. 25 Min. backen. Die Form aus dem Ofen nehmen und die Muffins ca. 5 Min. darin abkühlen lassen. Dann herauslösen und auf einem Kuchengitter auskühlen lassen.

FÜLLUNG: Die Beeren in einem Sieb kalt abbrausen und sehr gut abtropfen lassen. Die Kuvertüre grob hacken und mit Sahne, Butter und 1 Prise Chiliflocken in einen Topf geben. Alles unter Rühren bei mittlerer Hitze erwärmen (nicht aufkochen!), bis die Kuvertüre geschmolzen ist. Die Ganache in die Mürbeteigcups füllen. Mit gemischten Beeren und gehackten Haselnüssen dekorieren.

Für 12 Stück • 30 Min. Zubereitung • 1 Std. 30 Min. Ruhen • 30 Min. Backen •
Pro Stück ca. 235 kcal, 6 g E, 12 g F, 25 g KH

MINI-BRIOCHES

ZUM FRÜHSTÜCK

1 Pck. Trockenhefe
35 g Zucker
370 g Mehl (Type 405)
45 ml Milch
3 Eier (M)
125 g weiche Butter

AUSSERDEM

Butter für die Form
1 Ei (M)
1 EL Milch

1 Die Mulden der Muffinform fetten. Hefe, Zucker und Mehl in einer Schüssel mischen. Die Milch mit den Eiern verquirlen. Die Milch-Eier-Mischung unter die Mehlmischung kneten und den Vorteig abgedeckt bei Raumtemperatur ca. 30 Min. gehen lassen. Die Butter unter den Vorteig kneten. Den Teig ca. 1 Std. gehen lassen.

2 Den Backofen auf 180° vorheizen. Den Teig auf der Arbeitsfläche zu einem langen Strang rollen, diesen in zwölf gleich große Stücke teilen. Für jede Brioche ein Teigstück vierteln und vier kleine Kugeln formen. Drei kleine Teigkugeln nebeneinander in eine Muffinmulde setzen, die vierte Kugel zu einem Kegel formen und mit der Spitze nach unten in die Mitte zwischen die drei Kugeln stecken.

3 Ei und Milch verquirlen und die Brioches damit bestreichen. Brioches im Ofen (Mitte) ca. 30 Min. backen. Brioches leicht abgekühlt aus der Form heben und auf einem Kuchengitter auskühlen lassen.

Für 12 Stück • 10 Min. Zubereitung • 35 Min. Backen • Pro Portion ca. 190 kcal, 3 g E, 10 g F, 22 g KH

PASTÉIS DE NATA

AUS PORTUGAL

1 Rolle Butterblätterteig (280 g; aus dem Kühlregal)
1 Vanilleschote
400 ml Milch
120 g Zucker
3 Eigelb (M)
30 g Speisestärke

AUSSERDEM
Butter für die Form
Mehl für die Arbeitsfläche

1 Backofen auf 180° vorheizen. Mulden der Form fetten. Blätterteig entrollen, Papier entfernen. Teig wieder aufrollen, die Rolle in zwölf gleich große Stücke schneiden. Jedes Stück mit einer Schnittfläche auf die leicht bemehlte Arbeitsfläche legen und rund (ca. 10 cm ∅) ausrollen. Kreise in die Muffinmulden legen, leicht andrücken.

2 Vanilleschote längs aufschneiden und das Mark mit einem Messer auskratzen. Mit 300 ml Milch, Zucker und Eigelben in einem Topf mit dem Schneebesen verrühren. Stärke mit restlicher Milch (100 ml) in einem Schälchen glatt rühren. Milch-Eigelb-Mischung unter Rühren erhitzen. Kurz bevor die Mischung kocht, die Stärkemischung einrühren und alles aufkochen, bis der Pudding Blasen wirft.

3 Pudding in die Blätterteigförmchen füllen. Im Ofen (Mitte) ca. 35 Min. backen. Aus dem Ofen nehmen und in der Form auf einem Kuchengitter auskühlen lassen. Dann die Pastéis herauslösen.

ZIMTSCHNECKEN

KLASSIKER

Für 12 Stück • 30 Min. Zubereitung • 1 Std. 20 Min. Ruhen • 25 Min. Backen • Pro Stück ca. 240 kcal, 4 g E, 11 g F, 32 g KH

FÜR DEN TEIG

110 ml Milch
245 g Mehl (Type 405)
40 g Butter
1 Ei (M)
5 g Trockenhefe
25 g Puderzucker

FÜR DIE FÜLLUNG

50 g Butter
115 g brauner Zucker
7 g Speisestärke
7 g Zimtpulver

FÜR DAS FROSTING

25 g weiche Butter
25 g Frischkäse (Doppelrahmstufe)
50 g Puderzucker
½ EL Milch

AUSSERDEM

Butter für die Form
Mehl für die Arbeitsfläche

ZUTATEN-TIPP

Verwenden Sie zum Anrühren des Frostings unbedingt Vollmilch. Ihr Fettgehalt sorgt dafür, dass sich die Zutaten gut verbinden und eine glatte Masse entsteht.

TEIG: Den Backofen auf 30° vorheizen. 30 ml Milch mit 30 ml Wasser und 15 g Mehl in einem Topf unter Rühren auf mittlerer Stufe erhitzen, bis die Masse eindickt (Bild 1). Von der Herdplatte nehmen. Die Butter in einem zweiten Topf zerlassen und mit der restlichen Milch (80 ml) unter die eingedickte Masse rühren. Das Ei ebenfalls unterrühren. Das restliche Mehl (230 g) mit der Trockenhefe in einer großen Schüssel mischen. Die Butter-Milch-Mischung dazugeben und alles mit den Knethaken des Handrührgeräts in 5–10 Min. zu einem glatten Teig verkneten (Bild 2). Den Teig mit einem sauberen Küchentuch abdecken und im Ofen 20 Min. ruhen lassen. Dann den Puderzucker unterkneten und den Teig noch ca. 1 Std. gehen lassen.

FÜLLEN: Den Backofen auf 180° vorheizen. Die Mulden der Muffinform mit Butter fetten. Für die Füllung die Butter in einem Topf zerlassen. Braunen Zucker, Stärke und Zimt in einer Schüssel mischen, zerlassene Butter unterrühren. Den Teig mit bemehlten Händen durchkneten und auf der leicht bemehlten Arbeitsfläche zu einem ca. 40 × 30 cm großen Rechteck ausrollen. Die Füllung darauf verstreichen. Die Teigplatte von der Längsseite her eng aufrollen (Bild 3). Die Rolle in zwölf gleich dicke Stücke schneiden (Bild 4).

BACKEN: Die Zimtschnecken flach in die Mulden der Muffinform legen und im Ofen (Mitte) ca. 25 Min. backen (Bild 5). Form aus dem Ofen nehmen und die Muffins ca. 5 Min. darin abkühlen lassen. Dann herauslösen und auf einem Kuchengitter auskühlen lassen.

FROSTING: Für das Frosting Butter, Frischkäse und Puderzucker in einer Schüssel mit den Rührbesen des Handrührgeräts cremig aufschlagen. Die Milch unterrühren. Die Zimtschnecken mit dem Frosting bestreichen (Bild 6).

Für 12 Stück • 20 Min. Zubereitung • 25 Min. Backen • Pro Stück ca. 310 kcal, 6 g E, 15 g F, 37 g KH

DONAUWELLENCUPCAKES

KLASSIKER

FÜR DIE MUFFINS

1 Glas Sauerkirschen (350 g Abtropfgewicht)
200 g Mehl (Type 405)
2 TL Backpulver
150 g weiche Butter
150 g Zucker
1 Pck. Vanillezucker
3 Eier (M)
1 EL Kakaopulver
1 EL Milch

FÜR DAS TOPPING

1 Pck. backfeste Puddingcreme Vanillegeschmack (40 g)
200 ml Milch
150 g Quark (20 % Fett i. Tr.)
50 g Zartbitter-Kuvertüre

AUSSERDEM

12 Muffin-Papierförmchen (oder Silikonförmchen)
Spritzbeutel mit Sterntülle

VORBEREITEN: Den Backofen auf 180° vorheizen. Die Papierförmchen in der Muffinform verteilen. Die Kirschen in einem Sieb abtropfen lassen. Mehl und Backpulver mischen.

MUFFINS: Die Butter mit dem Zucker und dem Vanillezucker in einer Schüssel mit den Rührbesen des Handrührgeräts leicht schaumig rühren. Die Eier nacheinander unterrühren. Die Mehlmischung ebenfalls unterrühren. Die Hälfte des Teigs mithilfe von zwei Esslöffeln in die Muffinförmchen füllen. Unter den restlichen Teig das Kakaopulver und die Milch rühren. Den Schokoteig auf dem hellen Teig verteilen. 36 Kirschen für die Deko beiseitelegen. Die übrigen Kirschen auf den Muffins verteilen. Die Muffins im Ofen (Mitte) ca. 25 Min. backen. Die Form aus dem Ofen nehmen und die Muffins ca. 5 Min. darin abkühlen lassen. Dann herauslösen und auf einem Kuchengitter auskühlen lassen.

TOPPING: Die backfeste Puddingcreme mit der Milch anrühren. Den Quark mit einem Schneebesen unterrühren. Die Creme in den Spritzbeutel füllen und als flache Rosetten auf die Muffins spritzen. Auf jeden Cupcake drei Kirschen setzen. Die Zartbitter-Kuvertüre klein hacken, in einer Metallschüssel auf dem warmen Wasserbad unter Rühren schmelzen und mit einem Esslöffel über die Kirschen geben.

Für 12 Stück • 15 Min. Zubereitung • 25 Min. Backen • Pro Stück ca. 335 kcal, 5 g E, 18 g F, 34 g KH

EIERLIKÖRMUFFINS MIT SCHOKORASPELN

MIT ALKOHOL

170 g Mehl (Type 405) • 2 TL Backpulver • 125 g weiche Butter • 100 g Zucker • 2 Eier (M) • 150 ml Eierlikör • 100 g Zartbitter-Schokoladenraspel • 12 Schokoeier mit Eierlikörfüllung (ersatzweise Schokoeier mit anderer Füllung • 12 Muffin-Papierförmchen (oder Silikonförmchen)

1 Den Backofen auf 180° vorheizen. Die Papierförmchen in der Muffinform verteilen. Mehl und Backpulver mischen. Butter und Zucker in einer Schüssel mit den Rührbesen des Handrührgeräts leicht schaumig rühren. Eier einzeln unterrühren. Mehlmischung abwechselnd mit Eierlikör unterrühren. Schokoraspel unterheben.

2 Den Teig in die Förmchen füllen und in jeden Muffin mittig 1 Schokoei stecken. Die Muffins im Ofen (Mitte) ca. 25 Min. backen. Leicht abgekühlt aus der Form lösen und auf einem Kuchengitter auskühlen lassen.

Für 12 Stück • 20 Min. Zubereitung • 20 Min. Backen • Pro Stück ca. 200 kcal, 5 g E, 11 g F, 19 g KH

TROPICAL GRANOLACUPS

VEGAN

100 g gehackte Mandeln • 160 g grobe Haferflocken • 400 g Apfelmark • 70 g Ahornsirup • 1 Kiwi • 80 g Mangofruchtfleisch • 2 Passionsfrüchte • 350 g vegane Kokos-Joghurtalternative • Rapsöl für die Form

1 Backofen auf 175° vorheizen. Mulden der Muffinform mit Öl fetten. Mandeln und Haferflocken mischen. Apfelmark und Ahornsirup mit einem Löffel unterrühren. Masse in der Form verteilen, jeweils mittig mit den Fingern eine Mulde hineindrücken. Cups 20 Min. im Ofen (Mitte) backen. Aus dem Ofen nehmen und die Cups in der Form auskühlen lassen.

2 Kiwi schälen, längs halbieren, in Scheiben schneiden. Mango in Scheiben schneiden. Passionsfrüchte halbieren. Joghurtalternative in die Cups füllen, Kiwi und Mango daraufgeben. Passionsfruchtkerne darauf verteilen.

Für 12 Stück • 15 Min. Zubereitung • 25 Min. Backen • Pro Stück ca. 305 kcal, 5 g E, 18 g F, 31 g KH

WALNUSSMUFFINS MIT JOGHURT

GRIECHISCH

90 g Walnussskerne • 250 g Mehl (Type 405) • 2 TL Backpulver • 150 g weiche Butter • 150 g Zucker • 2 Eier (M) • 175 g griechischer Joghurt (10 % Fett) • 35 g flüssiger Honig • 12 Muffin-Papierförmchen (oder Silikonförmchen)

1 Backofen auf 180° vorheizen. Papierförmchen in der Muffinform verteilen. 70 g Walnüsse grob hacken und mit Mehl und Backpulver mischen. Butter und Zucker mit den Rührbesen des Handrührgeräts leicht schaumig rühren. Eier nacheinander unterrühren. Mehlmischung unterrühren.

2 Den Teig in die Förmchen füllen und im Ofen (Mitte) ca. 25 Min. backen. Die Muffins leicht abgekühlt aus der Form lösen und auf einem Kuchengitter auskühlen lassen. Den Joghurt auf den Muffins verstreichen, den Honig als feine Linien darüberziehen. Übrige Walnüsse (20 g) grob zerbrechen und daraufstreuen.

Für 12 Stück • 10 Min. Zubereitung • 20 Min. Backen • Pro Stück ca. 230 kcal, 4 g E, 11 g F, 28 g KH

PUMPKIN-SPICE-MUFFINS

HERBST-REZEPT

230 g Mehl (Type 405) • 2 TL Backpulver • 4 TL Pumpkin-Spice-Gewürz (Fertigprodukt oder selbst gemischt aus 1 TL Zimtpulver und je ½ TL Muskat-, Nelken-, Ingwer- und Pimentpulver) • 2 Eier (M) • 150 g Zucker • 120 ml Rapsöl • 280 g Kürbispüree • 60 ml Milch • 12 Muffin-Papierförmchen (oder Silikonförmchen)

1 Den Backofen auf 180° vorheizen. Die Papierförmchen in der Muffinform verteilen. Das Mehl mit dem Backpulver und dem Pumpkin-Spice-Gewürz mischen. Die Eier mit dem Zucker, dem Öl, dem Kürbispüree und der Milch in einer Schüssel verrühren. Zum Schluss die Mehlmischung unter die Eiermischung rühren.

2 Den Teig in die Förmchen füllen und im Ofen (Mitte) ca. 20 Min. backen. Die Muffins leicht abgekühlt aus der Form lösen und auf einem Kuchengitter auskühlen lassen.

Für 12 Stück • 40 Min. Zubereitung • 1 Std. 10 Min. Ruhen • 25 Min. Backen • Pro Stück ca. 395 kcal, 10 g E, 22 g F, 40 g KH

BIENENSTICHMUFFINS

KLASSIKER

FÜR DEN TEIG

½ Würfel Hefe (21 g)
80 ml Milch
400 g Mehl (Typ 405)
30 g Speisestärke
25 g Zucker
120 g Butter
1 Ei (M)
3 Eigelb (M)

FÜR DIE MANDELMASSE

60 g Zucker
40 g Butter
25 g Honig
50 g Sahne
100 g Mandelblättchen

FÜR DIE FÜLLUNG

1 Pck. backfeste Puddingcreme Vanillegeschmack (40 g)
200 ml Milch
200 g Quark (20 % Fett i. Tr.)

AUSSERDEM

Butter für die Form
Spritzbeutel mit Lochtülle

1 Für den Teig die Hefe in der Milch auflösen. Mehl, Speisestärke und Zucker in einer großen Schüssel mischen. Ein Drittel der Mehlmischung mit der Hefemilch verrühren und den Vorteig abgedeckt 30 Min. an einem warmen Ort gehen lassen. Inzwischen die Mulden der Muffinform fetten.

2 Die Butter in kleine Stücke schneiden, mit Ei, Eigelben und Vorteig zur restlichen Mehlmischung geben und alles mit den Knethaken des Handrührgeräts zu einem glatten Teig verkneten. Den Teig in zwölf gleich große Stücke (à ca. 60 g) teilen, die Stücke zu Kugeln formen und in der Muffinform verteilen. Abgedeckt 40 Min. an einem warmen Ort gehen lassen.

3 Den Backofen auf 180° vorheizen. Für die Mandelmasse Zucker, Butter, Honig und Sahne in einem kleinen Topf unter Rühren aufkochen, bis die Masse eindickt (oder 118° erreicht). Die Mandelblättchen vorsichtig unterheben. Die Mandelmasse esslöffelweise auf den Teigkugeln verstreichen. Muffins im Ofen (Mitte) 25 Min. backen. Die Form aus dem Ofen nehmen, und die Muffins ca. 10 Min. abkühlen lassen. Dann herauslösen und auf einem Kuchengitter auskühlen lassen.

4 Für die Füllung die backfeste Puddingcreme mit der Milch anrühren. Den Quark mit einem Schneebesen unterrühren. Von den Muffins jeweils das obere Drittel als Deckel abschneiden. Die Puddingcreme in den Spritzbeutel füllen und als Tupfen auf die unteren Muffinteile spritzen. Zum Schluss die abgeschnittenen Deckel daraufsetzen.

Für 12 Stück • 20 Min. Zubereitung • 20 Min. Backen • Pro Stück ca. 485 kcal, 6 g E, 31 g F, 48 g KH

BROWNIES MIT SALZKARAMELL

FÜR GÄSTE

150 g Mehl (Type 405)
25 g Kakaopulver
200 g Butter
130 g Zartbitter-Kuvertüre
4 Eier (M)
250 g Vollrohrzucker
100 g backfeste Zartbitter-Schokotropfen
12 Muffin-Papierförmchen (oder Silikonförmchen)

FÜR DIE SAUCE

70 g Butter
100 g Zucker
100 g Sahne
2 TL grobes Meersalz

1 Backofen auf 180° vorheizen. Papierförmchen in der Muffinform verteilen. Mehl mit Kakaopulver mischen. Butter klein würfeln, Kuvertüre grob hacken, beides zusammen in einem Topf bei mittlerer Hitze schmelzen. Eier und Zucker in einer Schüssel mit den Rührbesen des Handrührgeräts schaumig rühren. Kuvertüremischung nach und nach in einem dünnen Strahl einrühren. Mehlmischung und Schokotropfen unterheben. Teig in die Förmchen füllen und im Ofen (Mitte) ca. 20 Min. backen. Muffins leicht abgekühlt aus der Form lösen und auf einem Kuchengitter lauwarm (für einen noch leicht flüssigen Kern) oder vollständig abkühlen lassen.

2 Für die Sauce die Butter klein würfeln. Zucker in einem Topf bei mittlerer Hitze ohne Rühren vollständig schmelzen. Sahne nach und nach unterrühren, dann die Butter. Sollte die Masse zu fest werden, weiterrühren, bis sich der Karamell wieder verflüssigt. Muffins mit der Sauce bestreichen und mit Meersalz bestreuen.

Für 12 Stück • 15 Min. Zubereitung • 25 Min. Backen • Pro Stück ca. 180 kcal, 8 g E, 9 g F, 16 g KH

SCHOKO-CHEESECAKE

SCHNELL

FÜR DEN TEIG

200 g Zartbitter-Kuvertüre
3 Eier (M)
500 g Quark (20 % Fett i. Tr.)
60 g Zucker

FÜR DEN BELAG

3 Erdbeeren
6 Weintrauben (nach Belieben weiß oder blau)
1 Kiwi
1 Pck. klarer Tortenguss
2 EL Zucker

AUSSERDEM

12 Muffin-Silikonförmchen

1 Backofen auf 170° vorheizen. Silikonförmchen in der Muffinform verteilen. Kuvertüre grob hacken und in einer Metallschüssel über einem warmen Wasserbad unter Rühren schmelzen. Eier mit Quark und Zucker in einer Schüssel mit den Rührbesen des Handrührgeräts luftig aufschlagen. Kuvertüre vorsichtig von Hand mit einem Schneebesen unterheben. Teig in die Förmchen füllen und im Ofen (Mitte) ca. 25 Min. backen. Ofen ausschalten, einen Holzkochlöffel zwischen Ofen und Ofentür stecken. Muffins im Ofen 20 Min. abkühlen lassen. Aus der Form lösen und auf einem Kuchengitter auskühlen lassen.

2 Erdbeeren und Trauben waschen und putzen bzw. von den Stielen zupfen. Erdbeeren jeweils vierteln, Trauben jeweils halbieren. Die Kiwi schälen, längs halbieren und in dünne Scheiben schneiden. Den Tortenguss mit dem Zucker nach Packungsanleitung zubereiten. Auf jeden Muffin eine Kiwischeibe, ein Erdbeerviertel und eine Traubenhälfte legen. Den Tortenguss mithilfe eines Pinsels daraufstreichen.

APFELKUCHENMUFFINS

KLASSIKER

Für 12 Stück • 50 Min. Zubereitung • 1 Std. Kühlen • 25 Min. Backen •
Pro Stück ca. 460 kcal, 7 g E, 24 g F, 53 g KH

FÜR DEN MÜRBETEIG

500 g Mehl (Type 405)
140 g Puderzucker
2 Eier (M)
280 g kalte Butter

FÜR DIE FÜLLUNG

4 Äpfel (ca. 400 g)
30 g Zucker
2 TL Zimtpulver
50 g Walnusskerne
85 g Rosinen

AUSSERDEM

Butter für die Form
Mehl für die Arbeitsfläche
runder Ausstecher (10 cm ∅)
runder Ausstecher (6 cm)
Puderzucker zum Bestäuben

BACK-TIPP
Da das Flechten der Teigstreifen am besten mit gut gekühltem Teig funktioniert, bleibt die Hälfte des Teigs zunächst im Kühlschrank und wird dann nur ganz kurz mit den schon ausgerollten Teigresten zusammengeknetet.

1 Für den Teig das Mehl auf die Arbeitsfläche geben und in die Mitte eine Mulde drücken. Puderzucker und Eier in die Mehlmulde geben. Die Butter in kleine Würfel schneiden und daraufgeben (Bild 1). Alles rasch glatt verkneten. Teig halbieren, zu zwei Kugeln formen, diese flach drücken und in Frischhaltefolie eingewickelt mindestens 1 Std. kalt stellen.

2 Inzwischen für die Füllung die Äpfel schälen und vierteln, die Kerngehäuse herausschneiden. Die Viertel jeweils nochmals längs halbieren und die Stücke quer in dünne Scheiben schneiden. Die Walnüsse grob zerbrechen. Äpfel, Zucker, Zimt, Nüsse und Rosinen mischen (Bild 2). Mischung ziehen lassen.

3 Den Backofen auf 180° vorheizen. Die Mulden der Muffinform fetten. Ein Teigstück auf der leicht bemehlten Arbeitsfläche ca. 4 mm dünn ausrollen und zwölf Kreise (à 10 cm ∅) ausstechen. Die Teigkreise in die Mulden der Muffinform legen und leicht andrücken (Bild 3). Die Apfelmischung einfüllen.

4 Das zweite Teigstück kurz mit den ausgerollten Teigresten zusammenkneten und halbieren. Jedes Stück zu einem Quadrat (ca. 25 × 25 cm) ausrollen und in ca. 1 cm breite Streifen schneiden. Die Teigstreifen auf der Arbeitsfläche wie bei einem Korb verflechten (Bild 4). Aus der geflochtenen Teigplatte mit dem kleinen Ausstecher zwölf Kreise (à 6 cm ∅) ausstechen.

5 Die Apfelfüllung mit den geflochtenen Teigkreisen abdecken, dabei am Rand jeweils andrücken (Bild 5). Die Muffins im Ofen (Mitte) 25 Min. backen. Die Form aus dem Ofen nehmen und die Muffins darin lauwarm abkühlen lassen, dann herauslösen und auf einem Kuchengitter auskühlen lassen. Mit Puderzucker bestäuben (Bild 6).

Für 12 Stück • 20 Min. Zubereitung • 20 Min. Backen • Pro Stück ca. 350 kcal, 6 g E, 22 g F, 32 g KH

CHOCOLATE-CHIP-CUPCAKES

KLASSIKER

FÜR DIE CREME

200 g Zartbitter-Kuvertüre
200 g Sahne
25 g Butter

FÜR DIE MUFFINS

140 g Sahne
4 Eier (M)
100 g Zucker
150 g Mehl (Type 405)
2 TL Backpulver
30 g Kakaopulver
100 g backfeste Zartbitter-Schokotropfen

AUSSERDEM

12 Muffin-Papierförmchen (oder Silikonförmchen)
Spritzbeutel mit Sterntülle
1 EL Haselnusskrokant

CREME: Die Kuvertüre grob hacken. Die Sahne mit der Butter in einem Topf zum Kochen bringen. Den Topf vom Herd nehmen. Die Kuvertüre unter die Sahne-Butter-Mischung rühren und darin schmelzen. Die Schokomasse abkühlen lassen.

MUFFINS: Den Backofen auf 180° vorheizen. Die Papierförmchen in der Muffinform verteilen. Die Sahne steif schlagen und kalt stellen. Die Eier mit dem Zucker in einer Schüssel mit den Rührbesen des Handrührgeräts in ca. 8 Min. schaumig schlagen. Das Mehl mit dem Backpulver und dem Kakao mischen, die Mischung sieben und vorsichtig unter die Eiermischung heben. Die Sahne und die Schokotropfen ebenfalls unterheben. Den Teig in die Muffinförmchen füllen und im Ofen (Mitte) 20 Min. backen. Form aus dem Ofen nehmen und die Muffins ca. 5 Min. darin abkühlen lassen. Dann herauslösen und auf einem Kuchengitter auskühlen lassen.

FERTIGSTELLEN: Die Schokoladenmasse mit den Rührbesen des Handrührgeräts zu einer luftigen Creme aufschlagen. Die Schokoladencreme in den Spritzbeutel füllen und als Rosetten auf die Muffins spritzen. Zum Schluss das Haselnusskrokant daraufstreuen.

Für 12 Stück • 15 Min. Zubereitung • 30 Min. Backen • Pro Stück ca. 90 kcal, 3 g E, 3 g F, 14 g KH

FLAN

SPANISCH

150 g Zucker
1 Vanilleschote
350 ml Milch
3 Eier (M)

AUSSERDEM
12 Muffin-Silikonförmchen

1 Silikonförmchen in der Muffinform verteilen. 100 g Zucker in einem Topf bei mittlerer Hitze ohne Rühren schmelzen. Mit 40 ml lauwarmen Wasser ablöschen. Karamell in die Förmchen verteilen und fest werden lassen. Backofen auf 150° vorheizen. Ein tiefes Backblech 3 cm hoch mit Wasser füllen und in den Ofen (Mitte) schieben. Vanilleschote halbieren, das Mark mit einem Messer auskratzen.

2 Milch, Vanillemark und restlichen Zucker (50 g) in einem Topf bis knapp unter den Siedepunkt (ca. 90°) erhitzen, die Mischung soll nicht köcheln. Eier in einer Schüssel verquirlen, in die Milch geben und alles unter ständigem Rühren bis knapp unter den Siedepunkt (ca. 90°) erhitzen. Masse in die Silikonförmchen füllen. Muffinform in das mit Wasser befüllte Blech stellen, darauf achten, dass kein Wasser in die Förmchen gelangt. Im Ofen 30 Min. garen. In der Form auf einem Kuchengitter auskühlen lassen, dann kalt stellen. Flans auf Teller stürzen, sodass der Karamell über die Creme fließt.

Für 12 Stück • 15 Min. Zubereitung • 25 Min. Backen • Pro Stück ca. 270 kcal, 6 g E, 12 g F, 35 g KH

PUDDINGMUFFINS MIT BEEREN

FÜR KINDER

275 g Mehl (Type 405)
15 g Kakaopulver
2 TL Backpulver
75 g weiche Butter
205 g Zucker
3 Eier (M)
80 g Himbeeren
25 g Vanillepuddingpulver
50 ml Rapsöl
70 ml Milch
100 g Quark (20 % Fett i. Tr.)

AUSSERDEM
12 Muffin-Papierförmchen (oder Silikonförmchen)

1 Den Backofen auf 160° vorheizen. Die Papierförmchen in der Muffinform verteilen. 100 g Mehl mit dem Kakaopulver und 1 TL Backpulver mischen. Die Butter mit 75 g Zucker in einer Schüssel mit den Rührbesen des Handrührgeräts leicht schaumig rühren. 1 Ei unterrühren. Die Mehlmischung ebenfalls unterrühren. Den Teig in die Förmchen füllen. Die Himbeeren verlesen, in einem Sieb kalt abbrausen, gut trocken tupfen und in den Teig drücken.

2 Das restliche Mehl (175 g) mit dem restlichen Backpulver (1 TL) und dem Puddingpulver mischen. Restlichen Zucker (130 g), Öl, Milch, Quark und übrige Eier (2 Stück) in einer Schüssel mit den Rührbesen des Handrührgeräts aufschlagen. Die Mehlmischung unterrühren. Die Masse auf den Teig in den Förmchen verteilen. Die Muffins im Ofen (Mitte) ca. 25 Min. backen. Die Form aus dem Ofen nehmen und die Muffins darin lauwarm abkühlen lassen. Dann herauslösen und auf einem Kuchengitter auskühlen lassen.

HERZHAFT & PIKANT

Für 12 Stück • 10 Min. Zubereitung • 25 Min. Backen • Pro Stück ca. 80 kcal, 6 g E, 5 g F, 1 g KH

OMELETTMUFFINS

ZUM FRÜHSTÜCK

1 Paprika
1 großer Champignon (ca. 50 g)
1 Frühlingszwiebel
10 Eier (M)
80 ml Milch
Salz
Pfeffer

AUSSERDEM
12 Muffin-Silikonförmchen

1 Den Backofen auf 180° vorheizen. Die Silikonförmchen in der Muffinform verteilen. Die Paprika waschen und halbieren, weiße Trennwände und Kerne entfernen. Die Hälften in kleine Würfel schneiden. Den Champignon putzen, bei Bedarf mit einem Tuch abreiben, und in kleine Würfel schneiden. Die Frühlingszwiebel putzen, waschen, trocken tupfen und in feine Ringe schneiden. Das vorbereitete Gemüse in einer Schüssel mischen.

2 Die Eier mit der Milch in einer Schüssel gut verquirlen. Die Eiermasse mit Salz und Pfeffer würzen und in die Muffinförmchen füllen. Das Gemüse darauf verteilen. Die Muffins im Ofen (Mitte) ca. 25 Min. backen. Form aus dem Ofen nehmen und die Muffins 5–10 Min. darin abkühlen lassen. Dann herauslösen und auf einem Kuchengitter lauwarm oder vollständig abkühlen lassen.

Für 12 Stück • 20 Min. Zubereitung • 45 Min. Backen • Pro Stück ca. 170 kcal, 8 g E, 12 g F, 6 g KH

RÖSTICUPS MIT SPIEGELEI

ZUM BRUNCH

600 g vorwiegend festkochende Kartoffeln
75 g Cheddar
75 g Butter
Salz
Pfeffer
12 Eier (S)

1 Den Backofen auf 180° vorheizen. Die Kartoffeln schälen, waschen und mit einer Küchenreibe grob raspeln. Die Raspel auf ein Küchentuch geben, die Tuchränder darüber zusammenfassen und eindrehen, um so den Kartoffelsaft gut auszudrücken. Den Cheddar reiben. Die Butter in einem kleinen Topf zerlassen, mit dem Cheddar zu den Kartoffeln geben und alles gut mischen. Die Masse mit Salz und Pfeffer würzen.

2 Die Kartoffelmasse mit einem Esslöffel in die Muffinform füllen und leicht an die Wand der Mulden drücken. Dabei darauf achten, dass der Boden nicht zu dünn wird. Im Ofen (Mitte) ca. 25 Min. backen. Die Form aus dem Ofen nehmen und in jeden Cup 1 Ei aufschlagen, dabei darauf achten, dass das Eigelb ganz bleibt. Die gefüllten Cups zurück in den Ofen stellen und 15–20 Min. weiterbacken. Die Form aus dem Ofen nehmen, die Rösticups vorsichtig herauslösen und noch warm genießen.

Für 12 Stück • 10 Min. Zubereitung • 25 Min. Backen • Pro Stück ca. 245 kcal, 7 g E, 15 g F, 20 g KH

KRÄUTERFRISCHKÄSE-MUFFINS

SCHNELL

50 g getrocknete Tomaten • 160 g weiche Butter • 220 g Kräuterfrischkäse • 100 g Apfelmark • 125 g geriebener Mozzarella • 300 g Mehl (Type 405) • 1 TL Oregano • Salz • Pfeffer • 12 Muffin-Silikonförmchen

1 Den Backofen auf 180° vorheizen. Die Silikonförmchen in der Muffinform verteilen. Die getrockneten Tomaten in kleine Würfel schneiden.

2 Die Butter mit den Rührbesen des Handrührgeräts leicht schaumig rühren. Den Frischkäse und das Apfelmark unterrühren. Mozzarella und Mehl unterrühren. Die Tomaten unterheben. Den Teig mit Oregano, Salz und Pfeffer abschmecken.

3 Den Teig in die Förmchen füllen und im Ofen (Mitte) ca. 25 Min. backen. Die Muffins leicht abgekühlt aus der Form lösen und auf einem Kuchengitter auskühlen lassen.

Für 12 Stück • 10 Min. Zubereitung • 1 Std. Auftauen • 25 Min. Backen • Pro Stück ca. 205 kcal, 7 g E, 11 g F, 20 g KH

RICOTTA-SPINAT-MUFFINS

FÜRS BUFFET

200 g TK-Spinat • 300 g Mehl (Type 405) • 2 TL Backpulver • 75 g weiche Butter • 250 g Ricotta • 2 Eier (M) • 220 ml Milch • 3 EL geriebener Parmesan • 12 Muffin-Silikonförmchen

1 Spinat in einem Sieb auftauen lassen, das Wasser ausdrücken. Den Backofen auf 180° vorheizen. Die Silikonförmchen in der Muffinform verteilen. Mehl mit Backpulver mischen.

2 Die Butter in einer Schüssel mit den Rührbesen des Handrührgeräts leicht schaumig rühren. Den Ricotta unterrühren. Die Eier nacheinander unterrühren. Die Mehlmischung abwechselnd mit der Milch nach und nach unterrühren. Den Teig mit zwei Löffeln in die Förmchen füllen, mit Parmesan bestreuen und im Ofen (Mitte) ca. 25 Min. backen. Die Muffins leicht abgekühlt aus der Form lösen und auf einem Kuchengitter auskühlen lassen.

Für 12 Stück • 20 Min. Zubereitung • 30 Min. Garen • 25 Min. Backen • Pro Stück ca. 300 kcal, 5 g E, 19 g F, 24 g KH

SÜSSKARTOFFEL-MUFFINS

LAKTOSEFREI

500 g Süßkartoffeln • 250 g Mehl (Type 405) • 1 TL Zimtpulver • Salz • 2 TL Backpulver • 180 ml Rapsöl • 3 Eier (M) • 75 g Sonnenblumenkerne • 12 Muffin-Silikonförmchen

1 Backofen auf 180° vorheizen. Silikonförmchen in der Muffinform verteilen. Süßkartoffeln schälen, in grobe Stücke schneiden und in einem Topf in wenig Wasser in ca. 30 Min. weich garen. Wasser abgießen und Kartoffeln fein pürieren.

2 Mehl, Zimt, 1 große Prise Salz und Backpulver mischen. Öl und Eier in einer Schüssel verquirlen. Süßkartoffelpüree unterrühren. Mehlmischung unterrühren, drei Viertel der Sonnenblumenkerne unterheben. Teig in die Förmchen füllen, mit übrigen Sonnenblumenkernen bestreuen und im Ofen (Mitte) ca. 25 Min. backen. Muffins leicht abgekühlt aus der Form lösen und auf einem Kuchengitter auskühlen lassen.

Für 12 Stück • 15 Min. Zubereitung • 25 Min. Backen • Pro Stück ca. 170 kcal, 6 g E, 7 g F, 20 g KH

CHILI-SIN-CARNE-MUFFINS

MEXIKANISCH

200 g Kidneybohnen (aus der Dose, Abtropfgewicht) • 200 g Mais (aus der Dose, Abtropfgewicht) • 200 g Mehl (Type 405) • 2 TL Backpulver • 2 Eier (M) • 250 g Joghurt • 50 ml Rapsöl • 75 g Tomatenmark • 50 g geriebener Mozzarella • ½ TL getrocknete Chiliflocken • Salz • Pfeffer • 12 Muffin-Silikonförmchen

1 Backofen auf 180° vorheizen. Die Silikonförmchen in der Muffinform verteilen. Kidneybohnen und Mais in einem Sieb abspülen und abtropfen lassen. Mehl und Backpulver mischen.

2 Eier, Joghurt und Öl gut verquirlen. Mehlmischung und Tomatenmark unterrühren. Bohnen, Mais und Mozzarella unterheben. Mit Chiliflocken, etwas Salz und Pfeffer würzen. Teig in die Förmchen füllen und im Ofen (Mitte) ca. 25 Min. backen. Muffins leicht abgekühlt aus der Form lösen. Auf einem Kuchengitter auskühlen lassen.

Für 12 Stück • 20 Min. Zubereitung • 45 Min. Ruhen • 25 Min. Backen •
Pro Stück ca. 195 kcal, 8 g E, 6 g F, 26 g KH

PIZZASCHNECKEN

MIT FLEISCH

300 g Mehl (Type 405)
1 Pck. Trockenhefe
Zucker
3 EL Olivenöl
130 g passierte Tomaten
2 Champignons
80 g gekochter Schinken
100 g TK-Mais
1 TL getrocknetes Basilikum
1 TL getrockneter Oregano
Salz | Pfeffer
150 g geriebener Mozzarella

AUSSERDEM

Butter für die Form
Mehl für die Arbeitsfläche

1 Backofen auf 180° vorheizen. Mulden der Muffinform fetten. Mehl mit Trockenhefe und 1 Prise Zucker mischen. Olivenöl und 180 ml lauwarmes Wasser dazugeben und alles in 5–10 Min. zu einem glatten Teig verkneten. Teig abgedeckt an einem warmen Ort ca. 45 Min. gehen lassen, bis sich das Volumen verdoppelt hat.

2 Teig auf der leicht bemehlten Arbeitsfläche kurz durchkneten und zu einem ca. 45 × 30 cm großen Rechteck ausrollen. Teigplatte mit den Tomaten bestreichen. Champignons putzen und in dünne Scheiben schneiden. Schinken klein würfeln. Champignons, Mais und Schinken auf der Teigplatte verteilen. Mit Basilikum, Oregano, Salz und Pfeffer würzen und mit Mozzarella bestreuen. Von der Längsseite her eng aufrollen, Rolle in zwölf gleich dicke Stücke schneiden. Schnecken in die Mulden der Muffinform legen und im Ofen (Mitte) in ca. 25 Min. goldbraun backen. Herauslösen und warm oder abgekühlt servieren.

Für 12 Stück • 15 Min. Zubereitung • 10 Min. Kochen • 25 Min. Backen •
Pro Stück ca. 180 kcal, 8 g E, 10 g F, 15 g KH

MAC & CHEESE-MUFFINS

AUS DEN USA

180 g kurze Makkaroni
45 g Butter
1 Ei (S)
90 ml Milch
180 g geriebener Mozzarella
90 g geriebener Cheddar
Salz
Pfeffer
60 g Semmelbrösel
3 Stiele Petersilie

AUSSERDEM
12 Muffin-Silikonförmchen

1 Den Backofen auf 180° vorheizen. Die Silikonförmchen in der Muffinform verteilen. Die Nudeln nach Packungsanweisung bissfest kochen und anschließend in einem Sieb abtropfen lassen. 20 g Butter, das Ei und die Milch unterrühren. Den Mozzarella mit dem Cheddar mischen, zwei Drittel der Käsemischung unter die Nudeln heben. Die Nudelmasse mit Salz und Pfeffer abschmecken.

2 Die restliche Butter (25 g) in einem Topf zerlassen. Die Semmelbrösel mit der zerlassenen Butter und der restlichen Käsemischung (90 g) in einer Schüssel vermischen. Die Nudelmasse in die Förmchen füllen und mit der Semmelbröselmischung toppen. Die Mac & Cheese-Muffins im Ofen (Mitte) ca. 25 Min. backen.

3 Inzwischen die Petersilie waschen und trocken schütteln, die Blätter abzupfen und fein hacken. Die Form aus dem Ofen nehmen, die Muffins herauslösen, mit Petersilie bestreuen und warm genießen.

Für 12 Stück • 15 Min. Zubereitung • 25 Min. Backen • Pro Stück ca. 295 kcal, 8 g E, 22 g F, 17 g KH

PESTOMUFFINS MIT PINIENKERNEN

FÜRS BUFFET

70 g Pinienkerne • 100 g Parmesan • 250 g Mehl (Type 405) • 2 TL Backpulver • 2 Eier (M) • 250 g Crème fraîche • 50 ml Rapsöl • 100 g grünes Pesto (z. B. Basilikumpesto) • Salz • Pfeffer • 12 Muffin-Silikonförmchen

1 Backofen auf 180° vorheizen. Die Silikonförmchen in der Muffinform verteilen. 50 g Pinienkerne in einer Pfanne ohne Fett goldgelb rösten. Parmesan fein hobeln, z. B. mit einem Sparschäler. Mehl und Backpulver mischen. Eier, Crème fraîche, Öl und Pesto in einer Schüssel verquirlen. Mehlmischung unterrühren. Geröstete Pinienkerne und Parmesan unterheben. Teig mit Salz und Pfeffer abschmecken.

2 Teig in die Förmchen füllen, mit Pinienkernen (20 g) bestreuen. Im Ofen (Mitte) ca. 25 Min. backen. Leicht abgekühlt aus der Form lösen, auf einem Kuchengitter auskühlen lassen.

Für 12 Stück • 20 Min. Zubereitung • 25 Min. Backen • Pro Stück ca. 230 kcal, 7 g E, 10 g F, 26 g KH

ZUCCHINIMUFFINS MIT PARMESAN

FÜR GÄSTE

200 g Zucchini • 400 g feine Haferflocken • 3 TL Backpulver • 100 g Ahornsirup • 65 g Olivenöl • 3 Eier (M) • 3 EL geriebener Parmesan • 12 Muffin-Silikonförmchen

1 Den Backofen auf 180° vorheizen. Die Silikonförmchen in der Muffinform verteilen. Die Zucchini putzen, waschen und fein raspeln. 240 g Haferflocken im Standmixer zu Mehl mahlen.

2 Das Haferflockenmehl mit den restlichen Haferflocken (160 g) und dem Backpulver in einer Schüssel mischen. Ahornsirup, Olivenöl, Eier und Parmesan unter die Hafermischung rühren. Die Zucchiniraspel unterheben.

3 Teig mit zwei Esslöffeln in die Förmchen füllen. Muffins im Ofen (Mitte) ca. 25 Min. backen. Leicht abgekühlt aus der Form lösen und auf einem Kuchengitter auskühlen lassen.

Für 12 Stück • 10 Min. Zubereitung • 25 Min. Backen • Pro Stück ca. 170 kcal, 7 g E, 8 g F, 18 g KH

MUFFINS À LA CAPRESE

KLASSIKER

150 g getrocknete Tomaten • 1 Kugel Mozzarella (125 g) • 1 Bund Basilikum • 250 g Mehl (Type 405) • 2 TL Backpulver • 2 Eier (M) • 3 EL Olivenöl • 500 g Buttermilch • 12 Muffin-Silikonförmchen

1 Den Backofen auf 180° vorheizen. Die Silikonförmchen in der Muffinform verteilen. Die getrockneten Tomaten in kleine Würfel schneiden. Den Mozzarella abtropfen lassen und klein würfeln. Das Basilikum waschen und trocken schütteln, die Blätter abzupfen und fein hacken.

2 Mehl mit Backpulver mischen. Eier, Olivenöl und Buttermilch in einer Schüssel verquirlen. Die Mehlmischung unterrühren. Tomaten, Mozzarella und Basilikum unterheben. Teig in die Förmchen füllen und im Ofen (Mitte) ca. 25 Min. backen. Muffins leicht abgekühlt aus der Form lösen und auf einem Kuchengitter auskühlen lassen.

Für 12 Stück • 20 Min. Zubereitung • 25 Min. Backen • Pro Stück ca. 185 kcal, 9 g E, 9 g F, 15 g KH

SPAGHETTI-CARBONARA-MUFFINS

MIT FLEISCH

250 g Spaghetti • 150 g Parmesan • 100 g roher Schinken • 3 Eigelb (M) • 120 g Sahne • 12 Muffin-Silikonförmchen

1 Den Backofen auf 180° vorheizen. Die Silikonförmchen in der Muffinform verteilen. Die Spaghetti nach Packungsanweisung bissfest kochen, in einem Sieb abtropfen lassen und anschließend zurück in den Topf geben.

2 Den Parmesan fein reiben. Den Schinken klein würfeln. Eigelbe, Sahne, Parmesan und Schinken mit den Spaghetti im Topf gut vermischen.

3 Die Spaghetti mithilfe einer Gabel auf einem Löffel aufdrehen und nestförmig in die Muffinförmchen setzen. Die Muffins im Ofen (Mitte) ca. 25 Min. backen. Die Form aus dem Ofen nehmen, die Carbonara-Muffins herauslösen und noch warm genießen.

Für 12 Stück • 15 Min. Zubereitung • 1 Std. Auftauen • 25 Min. Backen • Pro Stück ca. 220 kcal, 9 g E, 12 g F, 18 g KH

SPINAT-FETA-MUFFINS

EINFACH

100 g TK-Spinat
200 g Kirschtomaten
150 g Schafskäse (Feta)
280 g Mehl (Type 405)
2 TL Backpulver
80 ml Olivenöl
250 g Quark (20 % Fett)
80 ml Milch
2 Eier (M)

AUSSERDEM
12 Muffin-Silikonförmchen

1 Den Spinat in einem Sieb auftauen lassen, dann das Wasser gut ausdrücken. Den Backofen auf 180° vorheizen. Die Silikonförmchen in der Muffinform verteilen. Die Tomaten waschen und jeweils längs dritteln. Den Feta trocken tupfen und in kleine Würfel schneiden.

2 Das Mehl mit dem Backpulver mischen. Olivenöl, Quark, Milch und Eier in einer Schüssel gut verquirlen. Die Mehlmischung unterrühren. Den Spinat, die Tomaten und den Feta unterheben.

3 Den Teig in die Förmchen füllen und im Ofen (Mitte) ca. 25 Min. backen. Die Form aus dem Ofen nehmen und die Muffins ca. 5 Min. darin abkühlen lassen. Dann herauslösen und warm genießen oder auf einem Kuchengitter auskühlen lassen.

Für 12 Stück • 20 Min. Zubereitung • 25 Min. Backen • Pro Stück ca. 225 kcal, 7 g E, 15 g F, 13 g KH

QUICHE-LORRAINE-MUFFINS

MIT FLEISCH

1 Rolle pikanter Mürbeteig (300 g; aus dem Kühlregal)
200 g Sahne
3 Eier (M)
Salz
Pfeffer
frisch geriebene Muskatnuss
1 kleine Stange Lauch (ca. 150 g)
100 g Speckwürfel
100 g geriebener Mozzarella

AUSSERDEM

Butter für die Form
Mehl zum Ausrollen

1 Backofen auf 180° vorheizen. Die Mulden der Muffinform fetten. Teig entrollen, das Papier entfernen und den Teig wieder aufrollen. Rolle auf der leicht bemehlten Arbeitsfläche in zwölf gleich dicke Scheiben schneiden. Jede Scheibe mit einer Schnittfläche nach unten auf die Arbeitsfläche legen und zu einem Kreis (ca. 10 cm ∅) ausrollen. Kreise in die Muffinform legen und leicht andrücken.

2 Sahne in einen Topf erhitzen, aber nicht kochen. Eier in einer Schüssel verquirlen und mit Salz, Pfeffer und 1 Prise Muskat würzen. Sahne unterrühren. Lauch putzen, waschen, trocken tupfen und in dünne Streifen schneiden. In kochendem Wasser ca. 30 Sek. blanchieren, dann in einem Sieb gut abtropfen lassen. Speck in einer Pfanne leicht braun braten. Lauch in die Förmchen geben, Speck darauf verteilen, Guss und Käse darauf verteilen. Muffins im Ofen (Mitte) ca. 25 Min. backen. Muffins leicht abgekühlt aus der Form heben. Warm genießen oder auf einem Kuchengitter auskühlen lassen.

REGISTER

A/B/C

D/E/F/H

J/K/L

M/N/O

P/Q/R

S/T/W/Z

Abkürzungsverzeichnis:
E = Eiweiß
EL = Esslöffel (gestrichen)
F = Fett
kcal = Kilokalorien
KH = Kohlenhydrate
Msp. = Messerspitze
Pck. = Päckchen
TK = Tiefkühl
TL = Teelöffel (gestrichen)
Ø = Durchmesser

GU ist eine eingetragene Marke der GRÄFE UND UNZER VERLAG GmbH, www.gu.de

ISBN 978-3-8338-7828-2
2. Auflage 2021

Projektleitung: Vanessa Lotz
Lektorat: Karin Kerber
Korrektorat: Waltraud Schmidt
Gesamtgestaltung: independent Medien-Design, München: Horst Moser (Artdirection), Lucie Heselich, Svenja Wamser
Herstellung: Gloria Schlayer
Satz: Kösel, Krugzell
Reproduktion: Medienprinzen GmbH, München
Druck und Bindung: Firmengruppe APPL, aprinta druck, Wemding

Printed in Germany

GRÄFE UND UNZER

Ein Unternehmen der
GANSKE VERLAGSGRUPPE

Umwelthinweis:
Dieses Buch ist auf PEFC-zertifiziertem Papier aus nachhaltiger Waldwirtschaft gedruckt.

Syndication: www.seasons.agency

DIE AUTORIN

Giulia Davidsson ist Konditorin und begeisterte Backbuch-Autorin in ihrer Wahlheimat München. Ihre große Leidenschaft ist es, Rezepte zu entwickeln und neue Foodtrends aufzuspüren. Für GU hat sie bereits Weihnachtsbacken express geschrieben.

DER FOTOGRAF

Mathias Neubauer ist Foodfotograf und Grafik-Designer, er arbeitet für internationale Buchverlage und Magazine wie den FEINSCHMECKER. In seinem Studio in Seligenstadt hat er die Rezepte für 1 Muffinform – 50 Rezepte stimmungsvoll in Szene gesetzt. Unterstützt wurde er dabei von Manuel Weyer (Foodstyling).

BILDNACHWEIS

Mathias Neubauer: S. 06-59 und Stepfotos auf den Klappen
Coco Lang (Foodstyling Michael Menzel): S. 01, 05 und Stilleben auf den Klappen
Kathrin Koschitzki: Cover
Veronika Schwarz: S. 04 Autorenfoto

www.facebook.com/gu.verlag

QUALITÄTS G|U GARANTIE

LIEBE LESERINNEN UND LESER,

wir wollen Ihnen mit diesem Buch Informationen und Anregungen geben, um Ihnen das Leben zu erleichtern oder Sie zu inspirieren, Neues auszuprobieren. Wir achten bei der Erstellung unserer Bücher auf Aktualität und stellen höchste Ansprüche an Inhalt und Gestaltung. Alle Anleitungen und Rezepte werden von unseren Autoren, jeweils Experten auf ihren Gebieten, gewissenhaft erstellt und von unseren Redakteuren/innen mit größter Sorgfalt ausgewählt und geprüft.

Haben wir Ihre Erwartungen erfüllt? Sind Sie mit diesem Buch und seinen Inhalten zufrieden? Wir freuen uns auf Ihre Rückmeldung. Und wir freuen uns, wenn Sie diesen Titel weiterempfehlen, in Ihrem Freundeskreis oder bei Ihrem online-Kauf.

Sollten wir Ihre Erwartungen so gar nicht erfüllt haben, tauschen wir Ihnen Ihr Buch jederzeit gegen ein gleichwertiges zum gleichen oder ähnlichen Thema um.

KONTAKT ZUM LESERSERVICE

GRÄFE UND UNZER VERLAG
Grillparzerstraße 12
81675 München
www.gu.de

DIE »GU KOCHEN PLUS«-APP

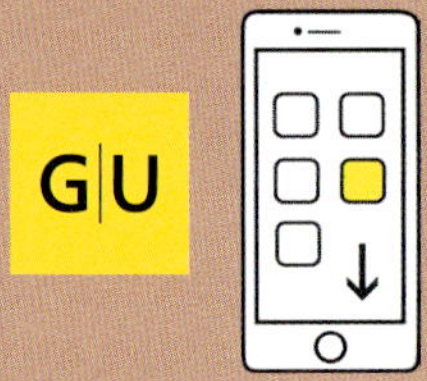

1 APP HERUNTERLADEN

Laden Sie die kostenlose »GU Kochen Plus«-App im Apple App Store oder im Google Play Store auf Ihr Smartphone. Starten Sie die App und wählen Sie Ihren Küchenratgeber aus.

2 REZEPTBILD SCANNEN

Scannen Sie das gewünschte Rezeptbild mit der Kamera Ihres Smartphones. Klicken Sie im Display die Funktion Ihrer Wahl.

3 FUNKTIONEN NUTZEN

Sammeln Sie Ihre Lieblingsrezepte. Speichern und verschicken Sie Ihre Einkaufslisten. Oder nutzen Sie den praktischen Supermarkt-Finder und den Rezept-Planer.